Jack Pierson

Jack Pierson The Lonely Life

Herausgegeben von Gérard A. Goodrow und Peter Weiermair
Mit Texten von Yilmaz Dziewior, Gérard A. Goodrow und Peter Weiermair

EDITION STEMMLE

Inhalt

6   Peter Weiermair
Fotografie als Fiktion
Zur Rolle der Fotografie im Werk von Jack Pierson

8   Yilmaz Dziewior
Odd Desperate Hours
Zu den Zeichnungen von Jack Pierson

13   **Bildteil**

133   Gérard A. Goodrow
Souvenirs aus einem Leben der Liebe und der Einsamkeit
Die Installationen von Jack Pierson

140   **Biobibliographie**

Fotografie als Fiktion

Peter Weiermair
Zur Rolle der Fotografie im Werk von Jack Pierson

Die Fotografie spielt im gesamten Œuvre von Jack Pierson eine zentrale Rolle. Er setzt diese, sei es wie in diesem Künstlerbuch, bei den vorhergegangenen Publikationen, aber auch bei den Installationen, ihren Pinnwänden sowie den auf Plakatgröße aufgeblasenen Einzelbildern, gezielt ein, verfolgt eine präzise Strategie, die die jeweiligen Lesewesen des Publikums einkalkuliert.

In all diesen Fotografien ist der Künstler nicht nur der voyeuristische Beobachter einer sinnlichen Wirklichkeit, ein Beobachter, der außerhalb des Geschehens steht und dieses tagebuchartig notiert, er selbst gerät ins Bild und ist Teil des Geschehens. Im Unterschied jedoch zu Nan Goldin, die die Schranke zwischen Fotografierendem und Fotografiertem niedergerissen hat, um sich entschieden auf die Seite der fotografierten «Familie» zu stellen, reflektiert Pierson stärker über die fiktionalen Eigenschaften des Mediums denn die dokumentarischen. Die Fotografie wird dadurch ein Medium der Weltflucht, der Stilisierung und auch der Lüge als Fiktion mehr als der Wahrheit. So sehr immer wieder von der Authentizität der Fotografie gesprochen wird, insofern sie die Wirklichkeit abbildet, sie ist eben mehr denn die dahinterliegende Wirklichkeit, nämlich das Transformationsmittel der realen Verhältnisse in den Zustand des Glamours. Die Fotografie ist das ideale Medium für narzißtisch Veranlagte und exhibitionistisch Passionierte, für diejenigen, die sehen und die, die gesehen werden wollen.

Pierson hat seine Aufnahmen als «intimate, romantic, poetic and pretty» bezeichnet, gleichzeitig jedoch angemerkt, dies seien Begriffe, die in der zeitgenössischen Kunst wenig gelten würden. Was ihn interessiert, ist das Bild als Auslöser, nicht das Bild als Dokument einer Reise, nicht eine Dokumentation, die Bilder von Zufallsbekanntschaften, Stilleben oder Hotelzimmern enthält, flüchtiger Begegnungen, selbstverliebter Freunde oder zeitgenössischer Stilleben, sondern als Auslöser von Vorstellungen im Betrachter, der die Bilder mit seiner Phantasie auffüllt. Damit dieser Prozeß in Gang kommt, bedarf es der Schnappschußästhetik mit ihrer Unschärfe, oft zufälligen Ausschnitten und achtlosen Kompositionen.

Die «überbelichteten Bilder und die Schnappschußeinstellung verleihen der Landschaft (etwa) die Atmosphäre eines im Unterbewußtsein angesiedelten Ortes, den man sich intensiv vor seinem geistigen Auge vorstellt». (I. Blazwick / E. Dexter)

Die piersonsche promiskuöse Großfamilie lernen wir nicht kennen, lediglich ihren Glamour, den die Fotografie erzeugt und den die Realität selbst nicht einlösen würde. Das Bild erlaubt eine Mythenbildung des Künstlers als Star. Der Betrachter phantasiert angesichts dieser Bilder, er findet angesichts der statischen Bilder den dazugehörigen Film. Er fingiert dabei den Künstler, dessen Sehnsüchte und dessen Milieu. Er ist ihm auf Grund der Eigenschaft der Fotografie, deren starren Blick, nahe, gleichzeitig jedoch auf Grund der zeitlichen und räumlichen Entfernung von ihm distanziert. Intimität und Fremdheit, Nähe und Entfernung charakterisieren das Medium. «Ich stimme meine Arbeit daraufhin ab, daß die Leute in einer Weise zu denken beginnen, daß sie romantische Anspielungen aufnehmen können, die sie benutzen und mit denen sie durchbrennen können. Indem ich in meiner Arbeit eine Reihe von Sprachebenen anbiete, werden die Leute veranlaßt, selber die Geschichte zu vervollständigen, da es ein kollektives Wissen von Gemeinplätzen und Stereotypen gibt, das wirksam ist.» (Jack Pierson)

Pierson, für den Kalifornien, wie für den es vor ihm entdeckenden David Hockney, ein Ort der sinnlichen und seelischen Befindlichkeit ist, liebt Bilder und Farben. Er ist ein Sammler von impressionistischen Momenten, jemand, der «on the road» ist und für den die Reise, nicht die Ankunft, das Ziel bedeutet; kein dokumentarischer Wahrheitssucher, sondern jemand, der von der Künstlichkeit der Fotografie ausgeht, einer Droge, die in der Form, wie von Pierson genossen, zur totalen Abhängigkeit führen kann.

Odd Desperate Hours

Yilmaz Dziewior
Zu den Zeichnungen von Jack Pierson

Die Zeichnungen von Jack Pierson wurden bisher nur selten besprochen.[1] Im Mittelpunkt der Rezeption stehen seine Fotografien, eine Tatsache, die nicht zuletzt auch durch seine Publikationen *Angel Youth* (1992) und *All of a sudden* (1995) unterstützt wird, da diese sich ausschließlich auf die Fotos konzentrieren. Auch seine Ausstellungskataloge zeigen nur die Fotografien einfühlsam aufgenommener junger Männer und Frauen, verschwommener Stilleben oder mit Urlaubserinnerungen getränkter Szenerien.

Hände

Eine Ausnahme bildet Piersons Katalog *Traveling Show*[2], in dem neben seiner skulpturalen Arbeit *Will you still love me tomorrow?* und einigen «word pieces», den an der Wand befestigten Plastikbuchstaben, auch eine einzelne Zeichnung abgedruckt ist. Der Katalog ist gemäß seinem Titel wie eine Art Road-movie-Dokumentation bebildert. Gezeigt werden hier vor allem solche Arbeiten von Pierson, die in dieses Konzept passen, also sich im weitesten Sinne mit dem Thema des Reisens beschäftigen. So verwundert es nicht, daß die in diesem Katalog verwendete Zeichnung eine Hand mit ausgestrecktem Daumen wiedergibt und den Titel *Hitch Hike* trägt. Die Isolierung dieser Zeichnung aus dem Gesamtzusammenhang der übrigen Zeichnungen des Künstlers kann aber zu einer einseitigen Betrachtungsweise führen. Denn es geht auch bei *Hitch Hike* nicht nur ausschließlich um eine Geste des Trampens, vielmehr muß sie im Kontext der übrigen Zeichnungen Piersons gesehen werden, die sich mit dem Motiv der Hand beschäftigen und von denen es eine große Anzahl gibt. Bei einigen Blättern hat Pierson die Umrißlinie von Händen gleich mehrfach auf einem Blatt festgehalten. In unterschiedlichen Gesten wird so die Hand als expressives Ausdrucksmittel verstanden, wobei die unbeholfen wirkende Art der Linienführung, der krakelige, linkische Zug den Anschein von Kinderzeichnungen vermittelt. Die Bedeutungsschwere, die das

Thema Hand in der Kunstgeschichte hat, wird durch diese freie, unprätentiöse und nachlässige Ausführung spielerisch relativiert. Siegfried Gohr hat in seiner Ausstellung und dem dazugehörigen Katalog *Die Hand des Künstlers*[3] die kunsthistorische Genealogie dieses Motivs von den frühen Dürer-Zeichnungen, über die der Künstler der Klassischen Moderne bis hin zu den gezeichneten Handstudien von Chillida, Lüpertz oder Baselitz untersucht. Besonders die Handlinien-Bilder Polkes von 1968 sind als Vergleichsbeispiel zu einigen der Zeichnungen Piersons interessant. Ähnlich wie bei den Polke-Bildern erscheinen auch bei manchen Zeichnungen Piersons die Handinnenlinien wie abstrakte, fast schon von dem eigentlichen Sujet losgelöste Elemente. Neben den formalen Charakteristika der Handinnenlinien spielen darüber hinaus auch Konnotationen eine Rolle, wie Individualität oder die Vorhersehbarkeit des persönlichen Schicksals anhand der sogenannten Lebenslinien. Bei den bereits erwähnten Zeichnungen Piersons, auf denen verschiedene Handstellungen in Form von Umrißzeichnungen dargestellt sind, vermißt man hingegen in der Regel jede Art von individueller Unterscheidung bezüglich der Hände. Es ist nicht ersichtlich, wessen Hände dargestellt sind, weder ob es sich um Frauen- oder Männerhände handelt, noch ob es Hände von jungen oder alten Menschen sind. Die formale Ausprägung der Hände legt keine Differenzierung ihrer Zuordnung fest. Es gibt allerdings eine Postkarte, die den Schauspieler Joe Dalessandro abbildet und auf der Pierson seine eigene Hand nachgezeichnet hat. Neben der symbolischen Inbesitznahme des Motivs, die durch das Auflegen und Nachzeichnen der Hand suggeriert wird, legt diese Vorgehensweise die Vermutung nahe, daß es sich auch bei einigen der anderen gezeichneten Hände um die imaginäre Hand des Künstlers handelt. Die große Anzahl dieser Blätter, die oft gleich mehrere Hände wiedergeben, könnte also als intensive Auseinandersetzung mit der eigenen Person gedeutet werden, ganz ähnlich wie die Selbstreflexion in Künstlerselbstporträts. Auf einem Blatt, das man als Ausgangspunkt für viele weitere der Serie deuten könnte, sind die einzelnen Hände von eins bis vier durchnumeriert. Im Kontext mit einer Zeichnung, auf der ebenfalls Handumrisse gezeichnet sind und deren Numerierung von 100 bis 104 reicht, entsteht der Eindruck, es gäbe eine ungeheuer große Anzahl dieser Blätter, auf denen Pierson sich immer wieder mit dem Motiv der Hand beschäftigt. Wenige Blätter dieser Serie reichen aus, um die Vorstellung von einer obsessiven Untersuchung des Themas zu suggerieren. Gerade die vermeintliche Vielzahl dieser zeichnerischen Studien belegt das konstante Interesse Piersons an diesem Sujet, und dies ungeachtet aller Leichtigkeit, die vielen der Zeichnungen durchaus eigen ist.

Die Beschäftigung mit «der Hand des Künstlers», dem Organ, das allgemein als das direkte Instrumentarium zur Umsetzung der ersten Idee, des Konzepts, also all dem, was man mit dem kunsthistorischen Begriff des «Disegno» verbindet, klingt auch in einer anderen Serie von Papierarbeiten Piersons an. Hier hat Pierson blaue Ölkreide direkt mit dem Finger senkrecht auf das Papier aufgetragen. Mit vielen waagrechten Reihen bedeckt er so das ganze Blatt und rhythmisiert es durch die schmalen Abstände zwischen den einzelnen blauen Abdrücken. Indem er verschiedene Blautöne verwendet, entstehen mosaikhafte Farbflächen, die zuweilen Assoziationen an eine sich bewegende Wasseroberfläche hervorrufen. Wie die Skizzen mit den Handmotiven, so können auch die blauen Arbeiten als Verweis auf die eigene Person gedeutet werden; jeder blaue Abdruck ist eine Unterschrift des Künstlers. Diese Vorgehensweise erinnert an Marcel Broodthaers Signatur-Bilder von Anfang der 70er Jahre, bei denen er die Malfläche lediglich mit einer Vielzahl seiner Unterschrift versehen hat. Im Gegensatz zu Broodthaers Arbeit ist die von Pierson aber weniger konzeptuell, eher emotional, romantisch zu deuten. So spielt bei den blauen Zeichnungen Piersons die ganze Spannweite der Farbe mit all ihren Bedeutungen, zum Beispiel als Symbol der Romantik oder ihr im Englischen mitschwingender Verweis auf «blues or having the blues», eine Rolle.

Wörter

Dies ist insofern erwähnenswert, da es sich mit der Stimmung vieler «word pieces» deckt, die bei aller Vieldeutigkeit oft einen melancholischen Grundton haben. Die Wandarbeiten mit Wörtern wie «Blue», «Forever», «Believe», «Stay» oder Satzfragmenten wie «Like someone alone» und «the one and only» vermitteln eine seltsame Schwermütigkeit. Eine fast schon theatralische Trauer schwingt in ihnen mit und läßt sie wie gedankenverlorene Sentenzen voller emotionaler Sehnsucht erscheinen. Sie sind die Versatzstücke, die Eckpunkte einer fiktiven Geschichte, die der Betrachter sich unwillkürlich zu einer Einheit ergänzt. Hierin ähneln die «word pieces» den Fotos Piersons, die ebenfalls wie Momentaufnahmen des Alltags erscheinen oder wie Standfotos aus einem Film. In diesen Kreislauf fügen sich auch die Zeichnungen Piersons, bei denen einzelne Wörter so bedeutungsträchtig sind, daß sie als Konzentrat für den Plot einer ganzen Story dienen könnten. In diesem Sinne ist Pierson ein zeichnender Fabulierer. In seinen hingekritzelten Wörtern und angedeuteten Sätzen erzählt er Geschichten, von denen er selbst sagt, daß sie die «Autobiographie einer Idee» sind. «Es ist nicht mein wirkliches Leben, sondern ein konstruiertes Leben. Es ist nicht real. Es sind Filmstills von dem, was ich denke, daß es mein Leben ist.»[4] Diese Aussage verdeutlicht, was von den vielen Selbstbezügen in den Zeichnungen zu halten ist. Das Wort, das am häufigsten in ihnen auftaucht ist «I». Auch wenn der Ich-Erzähler nur Fiktion ist, berühren uns diese Selbstgespräche, die melancholischen Statements und Reflexionen über die vermeintlich eigene Situation. Wie jeder gute Schauspieler auf der Bühne oder vor der Kamera eins wird mit seiner Rolle, so sind auch die Fiktionen in den Arbeiten Piersons kaum noch zu trennen von dem realen Leben des Künstlers. Wunschdenken und Wirklichkeiten scheinen mitunter zu verschmelzen. Daß sich dabei unsere Vorstellungen von dem Leben Piersons zur Folie unserer eigenen Projektionen, unserer Träume und Wünsche verwandeln, ist ein Phänomen, das für die unmittelbare Involvierung in die fiktive Welt des Künstlers nur förderlich ist.

Es gibt eine Zeichnung Piersons, bei der untereinander drei Wörter aufgelistet sind, die er alle durchgestrichen hat: HOPE, DREAMS, YOU. Die simple Geste des Durchstreichens deutet an, daß die Hoffnung und Träume, die sich auf die andere Person bezogen, ausgelöscht sind. Gerade die kommentarlose, direkte und impulsiv erscheinende Handlung evoziert eine unterschwellige Dramatik. Manche der Zeichnungen Piersons könnten Vorlagen für die Wandarbeiten mit Worten aus alten Plastikbuchstaben sein und umgekehrt. Zuweilen sind sogar die Worte identisch. Eine Zeichnung von 1993, auf der die Worte «ONE MORE LIE Hollywood TOLD ABOUT ME» zu lesen sind, verdeutlicht anschauungsvoll die gegenseitige Abhängigkeit von Zeichnungen und Wandarbeiten. Denn hier hat Pierson das Wort «Hollywood» so gezeichnet, daß es durch angedeutete Schatten und Buchstaben, die wie plastisch modelliert erscheinen, fast schon Dreidimensionalität vortäuscht. Während aber bei dieser Zeichnung die anderen Buchstaben klar als gezeichnet zu erkennen sind, gibt es auch Zeichnungen, die sehr penibel und mit einem hohen Grad an formalem Realitätsgehalt ihre Motive darstellen. Eine aus drei Blättern bestehende Arbeit gibt die ersten drei aufgeschlagenen Doppelseiten des Buches *Bonjour Tristesse* von Françoise Sagan wieder. Dabei sind die interessantesten Seiten die, auf denen nichts steht, beziehungsweise, auf denen man erst auf den zweiten Blick kleine, nachträglich in das Buch geschriebene Zahlen und Wörter liest. Denn während zwei der Blätter die Doppelseiten mit Namen des Verlages, der Autorin und des Titels des Buches wiedergeben, lesen wir auf dem dritten Blatt «11 94 Strand Price $ 5.00». Das Datum, der Preis und der Name des Antiquariats, in dem das Buch gekauft wurde, dienen als Einstieg in eine Geschichte, die jenseits der des Buches liegt und sich dennoch assoziativ mit ihr verknüpft. Der Kauf des Buches in einem Buchladen New Yorks im November vor zwei Jahren läßt die Melancholie erahnen, die an einem trüben Herbsttag zum Erwerb des Klassikers der 50er Jahre führte. Natürlich ist dies alles Spekulation, aber es ist gerade ein besonderes Merkmal dieser Arbeit, daß sie als Initiator für solche Vorstellungen fungiert.

Einen Schritt weiter geht Pierson mit seinem Künstlerbuch *Caught in the rain broken in the stardust*.[5] Das kleine Heft besteht aus einer Aneinanderreihung von Zeichnungen Piersons, deren Wörter sich aufeinander beziehen, ohne aber wirklich eine konkrete Handlung zu erzählen. Eher wirkt das Heft wie ein auf seine Schlüsselwörter reduzierter Roman, wobei mehrere Bemerkungen in winzig kleinem Schriftzug wie «The shooting continues …» oder «Taking her position while the lights are set» den Eindruck unterstützen, daß es sich hier um eine Art fiktives Drehbuch handeln könnte. Die Nachlässigkeit des Schriftduktus suggeriert eine möglichst schnelle Art des Zeichnens, so als seien die Notate in aller Eile niedergeschrieben, um sie nicht zu vergessen. «Alone + Beautiful, Regrets, Yeah Yeah, JUST A FOOL Again, IN THE RAIN ON 2ND AVE, STILL WAITING NO ONE ELSE, AGAIN AGAIN AGAIN, FOR YOU, So?, ODD DESPERATE HOURS, REGRETS I MISTOOK FOR ROSES, NOW PLAY YOUR PART.» Dies sind nur einige der Wörter, die eine Vorstellung von der Atmosphäre geben, die die Zeichnungen dieser Publikation bestimmen. Auch hier dominiert ein resignativer Zug, eine Verzweiflung, die sogar explizit in der Formulierung «ODD DESPERATE HOURS» zum Ausdruck kommt. Sie ist der Grundton, der das gesamte künstlerische Schaffen von Pierson durchzieht, wobei man nicht vergessen darf: Alles ist Fiktion, oder auch nicht.

[1] Einer der wenigen Texte, die sich etwas intensiver mit den Papierarbeiten Piersons beschäftigen, ist eine Ausstellungsbesprechung von James Meyer, in: *Arts Magazine,* April 1992, Seite 72.

[2] Museum of Contemporary Art, Chicago 1995.

[3] Museum Ludwig, Köln 1991.

[4] Jack Pierson in einem Interview mit Susanne Boecker und Ralf Dank, in: *Kunstforum International,* Band 133, Februar bis April 1996, Seite 274.

[5] Herausgegeben von Regen Projects, Los Angeles 1994.

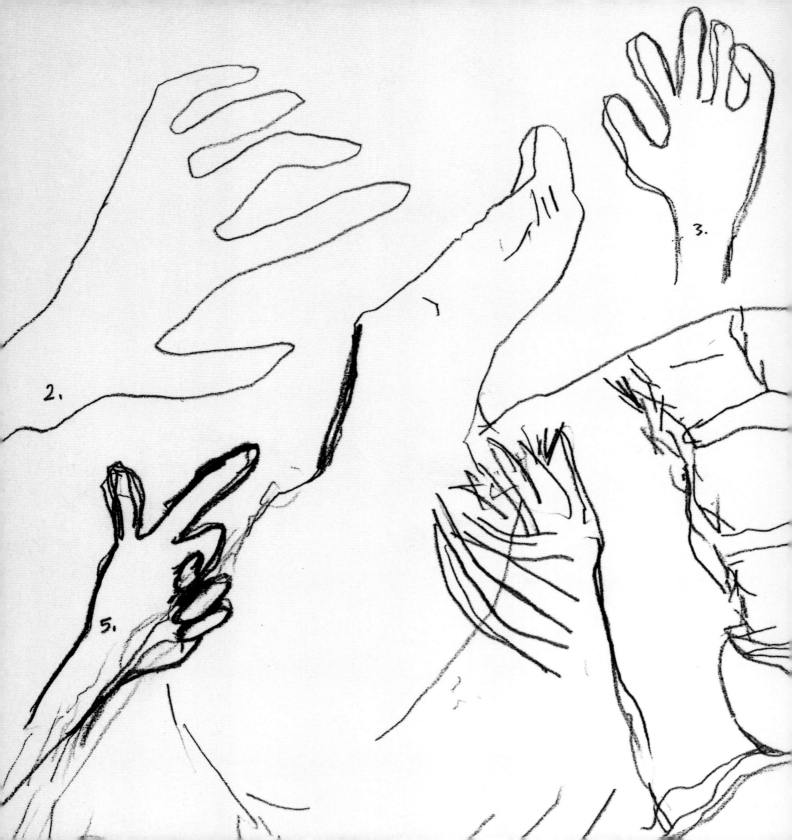

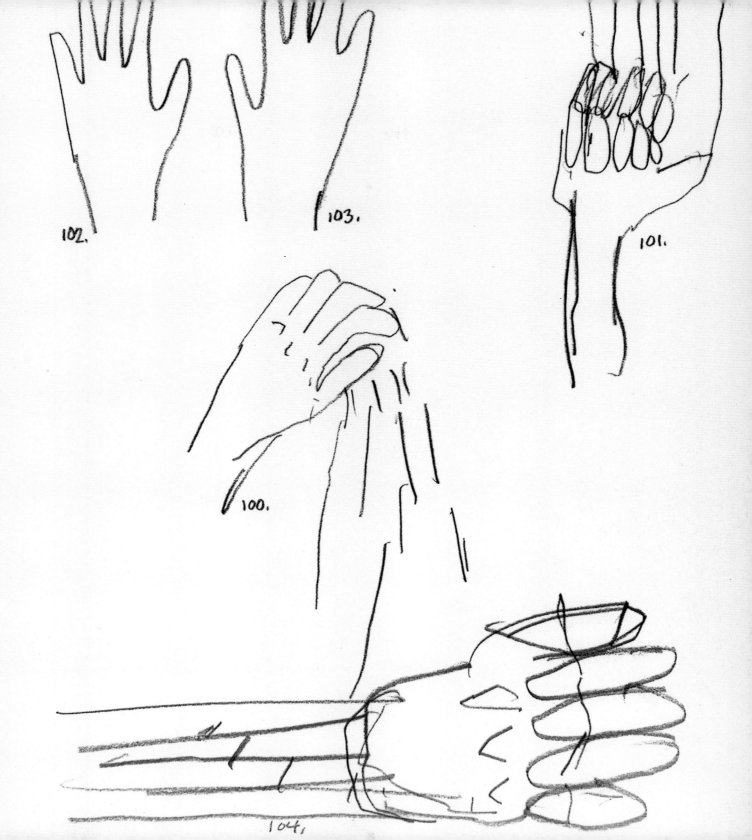

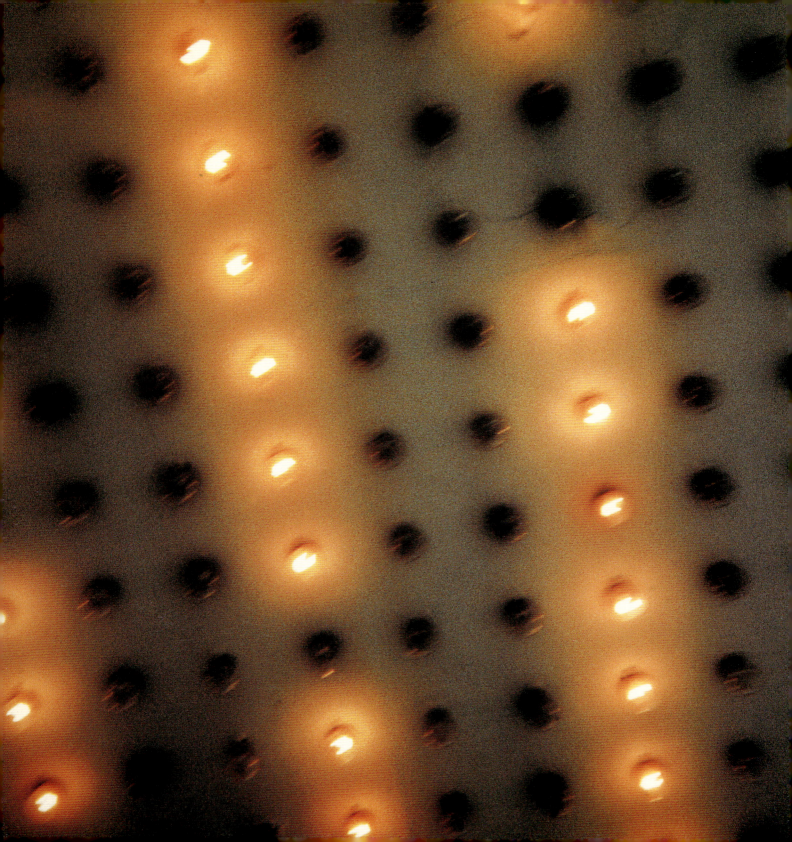

FEEL

INGS

LOST

YOU ARE ALLOWED 2 TOUCH THINGS

```
N U D M E
I H O D O
N D G Y E
S H I L D
D N G T S
E O E 3 I
```

STA

RousT

ANYWHERE

HELPLESS HOPELESS

Somewhere

Get More Out Of Life....
GO OUT TO A MOVIE!!

Bonjour Tristesse

FRANÇOISE SAGAN

Translated from the French by
IRENE ASH

New York
E. P. DUTTON AND COMPANY
1955

OURS

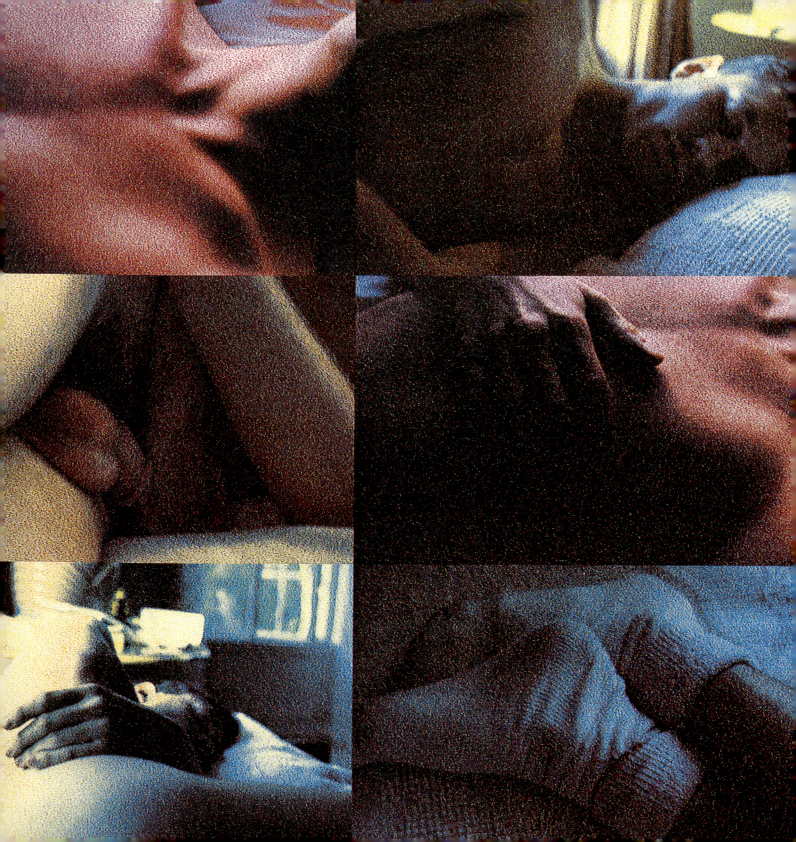

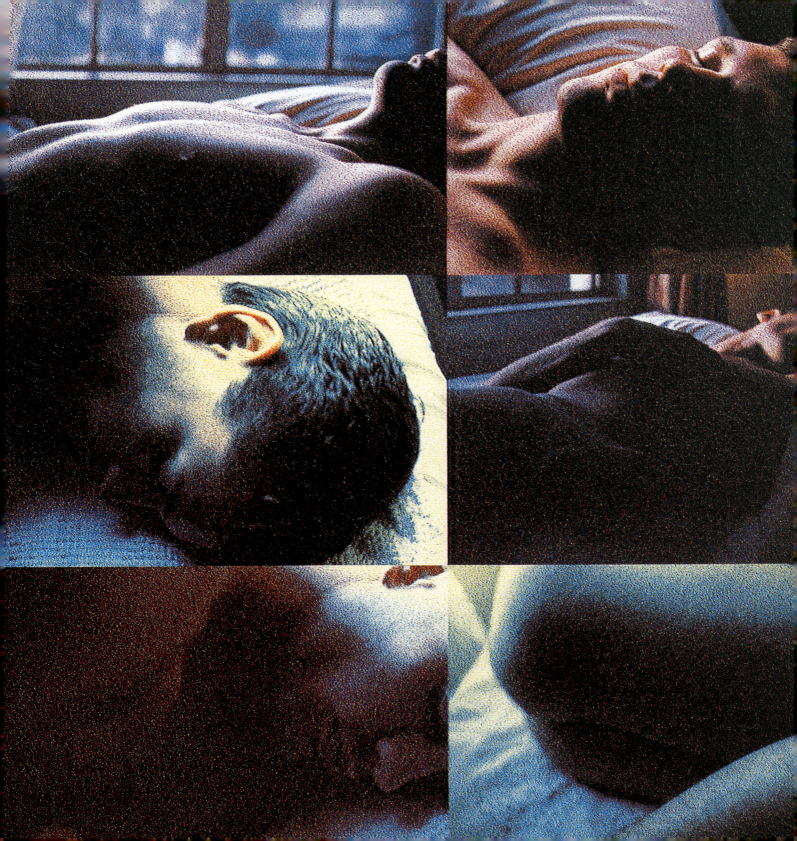

LL

[Dramatis Personae

King Edward IV
Edward, Prince of Wales, afterwards King Edward V } sons of the King
Richard, Duke of York
George, Duke of Clarence } brothers of the King
Richard, Duke of Gloucester, afterwards King Richard III
A young son of Clarence (Edward)
Henry, Earl of Richmond, afterwards King Henry VII
Cardinal Bourchier, Archbishop of Canterbury
Thomas Rotherham, Archbishop of York
John Morton, Bishop of Ely
Duke of Buckingham
Duke of Norfolk
Earl of Surrey, his son
Anthony Woodville, Earl Rivers, brother of Queen Elizabeth
Marquis of Dorset and Lord Grey, sons of Queen Elizabeth
Earl of Oxford
Lord Stanley, called also Earl of Derby
Lord Hastings
Lord Woodville   Sir Richard Ratcliffe
Lord Scales   Sir James Tyrrel
Lord Lovell   Sir James Blunt
Sir Robert Brakenbury, Sir Walter Herbert
  Lieutenant of the Tower Sir William Brandon
Sir Thomas Vaughan William Catesby
Lord Mayor of London
Christopher Urswick, a chaplain
Tressel and Berkley, gentlemen attending on Lady Anne
Queen Elizabeth, wife of King Edward IV
Queen Margaret, widow of King Henry VI
Duchess of York, mother of King Edward IV, Clarence, and Gloucester
Lady Anne, widow of Edward Prince of Wales, son of King Henry VI, afterwards married to Richard
A young daughter of Clarence (Margaret)
Ghosts of Richard's victims, Lords and other Attendants, Bishops, Priest, Sheriff, Keeper, Two Murderers, Pursuivant, Scrivener, Page, Citizens, Messengers, Soldiers, &c.

Scene England]

The Tragedy of Richard the Third

ACT I

Scene I. [London. A street.]

Enter Richard, Duke of Gloucester, solus

Richard. Now is the winter of our discontent
  Made glorious summer by this sun of York;
  And all the clouds that loured upon our house
  In the deep bosom of the ocean buried.
  Now are our brows bound with victorious wreaths, 5
  Our bruised arms hung up for monuments,
  Our stern alarums changed to merry meetings,
  Our dreadful marches to delightful measures.
  Grim-visaged War hath smoothed his wrinkled front,"
  And now, instead of mounting barbed steeds 10
  To fright the souls of fearful adversaries,
  He capers nimbly in a lady's chamber
  To the lascivious pleasing of a lute.
  But I that am not shaped for sportive tricks
  Nor made to court an amorous looking-glass; 15

33

Souvenirs aus einem Leben der Liebe und der Einsamkeit

Gérard A. Goodrow
Die Installationen von Jack Pierson

Jack Pierson ist ein Chronist des amerikanischen Alltagslebens am Ende des zweiten Jahrtausends. Seine Fotografien, Zeichnungen, Schrift-Bilder aus Leuchtreklamen-Buchstaben und seine Installationen ergeben zusammen eine Geschichte von Isolation und Sehnsucht. In jedem Fall macht der Künstler Menschen und Situationen aus dem richtigen Leben zu seinem Thema, charakteristisch für alle ist ein Gefühl der Nostalgie, und sie sind durchtränkt von Myriaden bittersüßer Erinnerungen. Seine Kunst ist eines einsamen Poeten laufender Kommentar zur Leere des Individuums in der zeitgenössischen, postindustriellen Gesellschaft. Seine Werke wecken Gefühle; sie sind sinnlich, nicht in einem erotischen Sinn, sondern dadurch, wie sie die verschiedenen Sinne des Menschen ansprechen, auch den sogenannten sechsten.

In seiner letzten Installation präsentiert uns Jack Pierson scheinbar eine Rekonstruktion seines New Yorker Ateliers. Nachdem sie erstmals in der Luhring Augustine Gallery in New York ausgestellt worden war, ist eine Variante davon entstanden für den dachbodenartigen Galerieraum der Ursula Blickle Stiftung in Kraichtal. Beim Betreten des Ateliers stoßen wir auf Dinge, wie wir sie bei einem aufstrebenden East-Coast-Künstler seiner Generation erwarten: einen portablen CD-Spieler, Zeitungen und Illustrierte, frisch geschnittene Blumen, usw. Es wirkt, als sei der Künstler gerade eben weggegangen, als hätten wir ihn knapp verpaßt. Zeichnungen und Fotos sind auf einem großen Holztisch ausgebreitet und warten darauf, signiert, verpackt und irgendwohin zu einer Ausstellung verschickt zu werden. Schrift-Bilder und größere Fotos bevölkern die Wände. Das einzige, was fehlt, ist der Künstler.

Doch auch ohne die körperliche Anwesenheit des Künstlers haben wir in der Tat eine Art Selbstporträt vor uns. Wenn wir den Inhalt und die Einrichtung des Ateliers genauer untersuchen, können wir uns ein Bild des Künstlers machen, der hier arbeitet; was Pierson uns vermittelt, ist letztlich das idealisierte Bild eines altmodischen bohemienhaften Künstlers. Der Mensch, der hier arbeitet, entspricht nicht dem Typus des zeitgenössischen Künstler-Unternehmers, der in den siebziger Jahren aufkam und in den achtzigern die höchste Stufe der internationalen Gesellschaftsleiter erklomm. Künstler vom Schlag eines Frank Stella oder eines Gerhard Richter hätten wohl Mühe damit, in einem solchen Chaos zu arbeiten; Künstler dieser Art fühlen sich wohler in Büroräumen oder in großen, makellos weißen Lofts, wo sie umgeben sind von Plänen und Maquetten für großformatige Bilder und Skulpturen, deren Bestimmungsorte neue Museen und andere öffentliche und private Sammlungen sind. Doch vielleicht hätte sich jemand wie Matisse oder Picasso hier in Piersons Atelier zu Hause gefühlt. Sein Chaos ist warm und einladend, es zeugt von einem empfindsamen schöpferischen Genie. Und genau dieses idealisierte Bild von sich ist Piersons Ziel. Er bringt uns dazu, ihn zu respektieren und zu bewundern, ohne daß wir je direkten Kontakt mit ihm persönlich haben.

Der körperlichen Abwesenheit des Künstlers zum Trotz ist seine Aura im Atelier allgegenwärtig. Doch letztlich begegnen wir nie dem Künstler selbst. Ja, eigentliche Selbstporträts sind rar in Piersons Œuvre. Nie haben wir die Gelegenheit, ihn wirklich kennenzulernen, die Bekanntschaft seiner Person zu machen. Was wir bekommen, sind Bilder und Situationen, die reflektieren, wie er sich sieht und wie er gesehen werden möchte. Aber vermittelt uns dies letztlich nicht tiefere Einsichten in Piersons wahres Wesen als Künstler und als Individuum?

Beim Schreiben fällt mir plötzlich ein früheres Werk von Pierson ein, das ein ebenso idealisiertes Bild des Künstlers vermittelt. Es trägt den sonderbaren Titel *Self Portrait* (1993) und sieht folgendermaßen aus: In einem Rahmen ist ein Haufen Seiten aus alten Teenagerzeitschriften zu sehen mit Bildern und Texten zu Leben und Sterben des rebellischen Filmstars James Dean. Die vergilbten Seiten verströmen ein Gefühl der Sehnsucht und von verwelkten Erinnerungen. Möchte Pierson wirklich so von uns gesehen werden? Sieht er sich möglicherweise als neuer James Dean? Nein, nicht wirklich. Doch auch metaphorisch betrachtet beschwört die Assoziation von Jack Pierson mit James Dean Bilder von Starruhm und Unsterblichkeit. In der Welt von heute sind Künstler oft Stars; Leute wie Andy Warhol und Jeff Koons machen das mehr als klar. Doch Dean war mehr als nur ein Star, er war und ist eine Legende, freilich mit einem tragischen Geschick. Was will uns Pierson damit sagen? Werden wir darauf je eine eindeutige Antwort erhalten, oder wird es immer nur bei unseren Spekulationen bleiben? Piersons Wahl eines Alter ego ist in der Tat sehr sonderbar, und die Interpretationen seiner Bedeutung sind so zahlreich wie die Leute, die sie abgeben.

Wie die meisten von Piersons Fotografien und Installationen sind das *Atelier* und das *Self Portrait* geradezu schmerzhaft unspektakulär. Da vermischt sich monumentales Mythisieren mit sinnlosen Banalitäten, so daß das Banale zum Schluß monumental und das Monumentale banal wird. Die gleiche Strategie ist auch in einem von Piersons ersten plastischen Werken *Goodbye Yellow Brick Road, Part II* (1990) erkennbar. Für dieses sonderbar minimalistische Werk (das zwangsläufig an Bodenbilder von Carl André erinnert) arrangierte der Künstler auf dem Boden 120 gelbe Seifen zu einem kompakten Rechteck. Jede Seife trägt die Namen oder Kurzbeschreibungen von verschiedenen Männern, was eine Art postmoderner Litanei ergibt: «Joe, der Franzose», «Mark D., das Modell im ‹Penthouse›», «der Typ, der sechs Dollar geklaut hat», «Jimmy M., Butch ...» Und da der Titel keinen Hinweis darauf gibt, wer diese halb anonymen Männer sein könnten, bleiben dem Betrachter nur zwei plausible Annahmen: Es sind entweder verflossene Liebhaber des Künstlers, oder es handelt sich um eine Aufzählung von Aids-Opfern. Auf jeden Fall ist es nichts, was wir auf die leichte Schulter nehmen können.

Im Zusammenhang mit späteren Installationen gesehen, wird eine Melancholie spürbar, die von der Einsamkeit des Künstlers und einem Gefühl der Verlassenheit zeugt. In dieser Lesart werden die gelben Backsteine («yellow bricks») zu Katzengoldbrocken, einem Sinnbild von Eitelkeit und falschen Hoffnungen. Der Titel des Werks hingegen läßt einen entweder an die Verheißungen denken, die mit dem Ende der gelben Backsteinstraße im Filmklassiker *The Wizard of Oz* (Das zauberhafte Land, 1939) verbunden sind, oder – je nachdem, welcher Generation der Betrachter angehört – an Elton Johns klassischen Popsong aus dem Jahr 1973, der sich auf den Film bezieht und auf den der Titel von Piersons Werk tatsächlich zurückgeht.

Aufgrund all dieser Hintergrundinformationen dürfte klar geworden sein, daß jede Interpretation von Piersons Wahl der Materialien für sein Werk ebenso vielschichtig sein muß. Das erste, was uns einfällt, wenn wir eine Seife sehen, ist natürlich Sauberkeit. Manchen englischsprachigen Menschen fällt vielleicht auch noch das (Gott sei Dank veraltete) Sprichwort «cleanliness is next to godliness» (Reinlichkeit ist die erste Tugend nach Gottseligkeit) ein. Wieder andere erinnern sich vielleicht daran, daß ihnen als Kindern der Mund mit Seife ausgewaschen wurde, wenn sie «schmutzige Wörter» verwendet oder «unreine Gedanken» geäußert hatten. Welche Assoziation mag hier angebrachter sein? Oder können sie vielleicht alle zugleich zutreffen? Und was ist die Auswirkung davon, daß jedes Stück Seife offenbar einen dem Künstler nahestehenden Menschen repräsentiert, einen verlorenen Geliebten oder Freund? Auch hier wartet der Künstler mit keinen direkten Antworten auf, und das Werk bleibt eine rätselhafte Äußerung, offen für die verschiedensten Interpretationen.

Letztlich liegt uns damit einfach ein weiteres Selbstporträt des Künstlers vor. Schließlich definieren wir uns ja auch durch die Wahl der Leute, die wir lieben und mit denen wir zusammen sind. Ähnlich wie Piersons *Self Portrait* als James Dean erlaubt uns auch *Goodbye Yellow Brick Road, Part II* einen ganz besonderen Einblick in die innersten Befürchtungen und Ängste des Künstlers. Lebwohl, du gelbe Backsteinstraße, lebt wohl, ihr Hoffnungen und Träume. So schön die Liebe sein mag, so reinigend sie für die Seele wirken kann, ist sie aber auch kurzlebig und vergänglich wie ein Stück Seife, das sich unter der Wärme von fließendem Wasser und dem beruhigenden Streicheln sanfter Hände in nichts auflöst.

Metaphern der Sauberkeit und des Liebesverlusts spielen auch in der Assemblage aus dem Jahr 1994 *Will you still love me tomorrow?* (Wirst du mich morgen auch noch lieben?) eine Rolle. Auch diesen Titel hat der Künstler von einem Popsong aus den siebziger Jahren entlehnt. Für dieses ebenso rätselhafte Werk nahm Pierson einen Wäscheschrank aus Glas als modifiziertes Ready-made. Den meisten Betrachtern kommt der Wäscheschrank wie ein Souvenir aus einem Sommerhaus vor (was garantiert Bilder von den romantischen Felsküsten New Englands heraufbeschwört), obschon er auch an die alten Wäschetruhen erinnert, die man in kleinen Krankenhäusern auf dem Land vorfindet. Oben drauf auf dem Schrank finden wir verschiedene persönliche Gegenstände, die der Künstler offenbar hat liegen lassen – eine Bleistiftzeichnung, ein Aschenbecher, ein Päckchen Zigaretten –, und an der Wand hängt ein Schlüssel an einer Schnur.

Wieder wird der Betrachter zwischen zwei Interpretationen hin und her gerissen. Haben wir es mit den bittersüßen Erinnerungen an eine sommerliche Liebesaffäre zu tun? In diesen Fall lautet die Antwort auf die im Titel gestellte Frage offensichtlich: «Nein». Damit erhält der an der Wand hängende Schlüssel die Bedeutung des Schlüssels zum Herzen eines Menschen, doch ist dieser Schlüssel dazu verurteilt, ewig dort hängen zu bleiben, die Tür zum Glück nie mehr zu öffnen. Oder ist der Protagonist dieses melancholischen Werks chronisch krank? Dann würde die Frage seine Angst davor, angesichts des Todes alleingelassen zu werden, verraten. In Anbetracht der verschiedenen Interpretationen von *Goodbye Yellow Brick Road, Part II* erscheinen beide Versionen der tragischen Geschichte gleich plausibel und zutreffend.

Eine Art Pendant dazu ist die im selben Jahr geschaffene Kleininstallation *What you take with you and what you leave behind* (Was du mitnimmst, und was du zurückläßt). Hier finden wir auf einer rechteckigen Plattform einen einfachen Holzstuhl, über dessen Rückenlehne ein blaues Seidenhemd drapiert ist. Eine Reihe von Zigaretten sind achtlos auf dem Boden ausgedrückt worden. Einmal mehr sind wir mit der geisterhaften Präsenz von jemandem – wahrscheinlich dem Künstler – konfrontiert, der durch Abwesenheit glänzt. Ein Selbstporträt der Anonymität? Dieses Werk gehört in die Phase, die als «blaue Periode» dieses Künstlers bezeichnet werden kann. Bei seiner ersten Präsentation 1994 in einer New Yorker Galerie war es von einer Reihe abstrakter Ölkreide-Zeichnungen begleitet, die in denselben durchdringenden Blautönen gehalten waren. Die evokativen Titel dieser Abstraktionen wie *Why did he leave me?* (Warum hat er mich verlassen?), *Thinkin' 'bout my mother* (Nachdenken über meine Mutter) und *How I feel now* (Wie ich mich jetzt fühle) lassen keinen Zweifel daran, daß die Farbe Blau eine direkte Anspielung auf den Blues ist (Piersons musikalische Vorlieben und der Einfluß der Unterhaltungsmusik auf sein Werk ist ein Kapitel für sich, das die Beschäftigung mehr als lohnt).

Die auf dem Boden verstreuten Zigarettenstummel sind ein weiteres Leitmotiv in Piersons Werk. Sie tauchen nicht nur in verschiedenen Installationen auf, sondern auch in mehreren Zeichnungen, sei es im Titel oder in der Darstellung selbst. Eine Bleistiftzeichnung aus dem Jahr 1992 beispielsweise scheint gleichsam eine Vorbereitungsskizze für die spätere Installation *What you take with you and what you leave behind* zu sein. Sie trägt den Titel *Enough Cigarettes* (Genügend Zigaretten) und besteht aus dem kurzen Text «Ich dachte, wenn ich genügend Zigaretten rauchte, würdest du vielleicht zurückkommen» unter einer Reihe von Zählstrichen (die vergangenen Tage, die weggegangenen Geliebten, die gerauchten Zigaretten?) und über der verwischten Bitte «Baby, Baby, come back». Die Verzweiflung von Piersons Liebesflehen scheint grenzenlos zu sein.

Wie alle anderen Installationen (vielleicht mit Ausnahme der Atelier-Nachbildung *Studio*) ist *What you take with you and what you leave behind* die melodramatische Erzählung von zerschlagenen Hoffnungen und vergeblichen Träumen. Ein früheres Werk aus dem Jahr 1991, das als Beginn der «blauen Periode» bezeichnet werden könnte, ist *Silver Jackie with Blue Spotlight*. Es handelt sich bei dem Werk um ein kleines Podium mit einem silbrigen Mylar-Lamettahintergrund, beleuchtet von einem blauen Scheinwerfer. Wie beim *Studio* beschwören wir, obschon der Protagonist des Werks abwesend ist, instinktiv ein Bild der Person herauf, von der wir annehmen, daß sie gerade gegangen ist. Im vorliegenden Fall haben wir es offenbar mit einer naiven jungen Frau zu tun, die von den Verlockungen von Ruhm und Reichtum geblendet ist. Die Geschichte handelt von den verlorenen Hoffnungen einer Tänzerin in Las Vegas oder einer Nachtklub-Stripperin, einer getretenen Seele, die sich auf dem Weg zum Starruhm in Hollywood verirrt hat.

Und wie Piersons späteres *Self Portrait* als James Dean erinnert auch *Silver Jackie with Blue Spotlight* an eine andere tragische amerikanische Legende. Der Titel ist eine direkte Anspielung auf Andy Warhols berühmte *Blue Jackie*, ein Porträt der Witwe des ermordeten John F. Kennedy. Die Assoziation einer billigen Las-Vegas-Tänzerin mit der Frau eines der populärsten amerikanischen Präsidenten aller Zeiten ist jedenfalls höchst prekär. Doch wie beim *Self Portrait* verrät auch hier die Identifikation mit einem Superstar sehr viel über die betreffende Figur. Wird die Tänzerin je ihre Warholschen 15 Minuten Weltruhm haben oder ist sie dazu verurteilt, sich für den Rest des Lebens ihrer Kleider und ihres Selbstwertgefühls zu entledigen vor den Augen von fremden, ebenso einsamen Männern? Wieder werde ich an themenverwandte Zeichnungen Piersons erinnert: *One more lie Hollywood told me* (Eine weiteres Mal, das Hollywood mich belogen hat) und *You went to Hollywood. I WENT TO HELL* (Du fuhrst nach Hollywood. Ich fuhr zur Hölle), beide aus dem Jahr 1992, und besonders die grobe Bleistiftzeichnung *Hitch Hike* (Autostopp, 1991), auf der eine Hand mit nach oben zeigendem Daumen, die typische Autostopper-Haltung, zu sehen ist. Ein Stern auf dem Daumen zeigt, was das gewünschte Ziel ist; ein Ziel, von dem wir jedoch wissen, daß es nie erreicht werden wird.

Warum scheinen alle Werke von Pierson nur von Verlusten zu erzählen: verlorene Träume, verlorene Liebe, verlorene Hoffnung? Ist das Leben wirklich so schlimm? Schwer zu sagen. Doch am Schluß scheint es immer einen Hoffnungsschimmer zu geben. Piersons Installationen zeigen einen flüchtigen Augenblick, der gleichzeitig etwas Ewiges, Zeitloses an sich hat. Sie sind so knapp und rätselhaft wie seine Fotografien, Zeichnungen und die Leuchtreklamen-Buchstaben-Ensembles. Das Wort in einem der vielversprechendsten Leuchtreklamen-Buchstaben-Bilder dürfte alles sagen: «Someday» (eines Tages). Wieder werde ich an einen Song erinnert: *Someday My Prince Will Come*. Und – um noch ein Lied zu zitieren – wie die unsterbliche Judy Garland in *The Wizard of Oz* herausfand, birgt noch der stürmischste Tag die Hoffnung und das Glück, die «somewhere over the rainbow» (irgendwo über dem Regenbogen) liegen.

Jack Pierson

Jack Pierson was born in Plymouth, Massachusetts, in 1960. He lives and works in New York City and Provincetown, Massachusetts.

Solo exhibitions

1990	Simon Watson, New York
1991	Richard Kuhlenschmidt Gallery, Los Angeles
	Pat Hearn Gallery, New York
1992	Tom Cugliani Gallery, New York
	White Columns, New York
	Galerie Aurel Scheibler, Cologne
	Richard Kuhlenschmidt Gallery, Los Angeles
1993	Jack Hanley Gallery, San Francisco
1994	Fine Arts Work Center, Provincetown, MA
	Luhring Augustine, New York
	Edward Hopper and Jack Pierson: American Dreaming, Whitney Museum of American Art, New York, first floor project room
	Regen Projects, Los Angeles
1995	Jack Hanley Gallery, San Francisco
	Parco Gallery, Tokyo
	Museum of Contemporary Art, Chicago; traveling exhibition
	Texas Gallery, Houston
	Theoretical Events, Naples
	Galerie Aurel Scheibler, Cologne
	Galleri Index, Stockholm
	Galleri Roger Bjorkholmen, Stockholm
1996	Luhring Augustine Gallery, New York
	Nzet Projekt, Gent, Belgium
	White Cube, London
	Galerie Philippe Rizzo, Paris
	Galleria Dante, Croatia
	Módulo Centro Difuso de Arte, Lisbon
	Regen Projects, Los Angeles
	Ursula Blickle Foundation, Kraichtal, Germany
1997	Kunstverein Frankfurt, Germany
	Gio' Marconi, Milan

Group exhibitions

1990	*eros/thanatos*, Tom Cugliani Gallery, New York
	Blood Remembering, Snug Harbor Center for the Arts, Staten Island
1991	*Selections 51*, The Drawing Center, New York
	Philip-Lorca diCorcia, Nan Goldin, Jack Pierson, York University, Toronto
	From Desire ..., Richard F. Brush Gallery, St. Lawrence University, Canton, New York
	Something Pithier and More Psychological, Simon Watson, New York
	Drawings, Lorence-Monk, New York
	Someone of Somebody, Meyers/Bloom Gallery, Santa Monica
	Situations, New Langton Arts, San Francisco (curated by Nayland Blake)
	Presenting Rearwards, Rosamund Felsen Gallery, Los Angeles (curated by Ralph Rugoff)
	Galerie Aurel Scheibler, Cologne
1992	*How it is*, Tony Shafrazi Gallery, New York (curated by Jonathon Seliger), Jack Hanley Gallery, San Francisco
	Healing, Wooster Gardens, New York
	Drawings, Stuart Regen Gallery, Los Angeles
	Pat Hearn Gallery, New York
	Hollywood, Hollywood: Identity Under the Guise of Celebrity, Pasadena Art Alliance, Pasadena (curated by Fred Fehlau)
	Identities, Forum Stadtpark, Graz, Austria
	True Stories, Institute of Contemporary Art, London
	White Column Update 1992, White Columns, New York
	The Anti-Masculine, Kim Light Gallery, Los Angeles (curated by Bill Arning)
	Developing Language, Hirschl & Adler Modern, New York (curated by Klaus Kertess)
	The Language of Flowers, Paul Kasmn Gallery, New York
1993	*Simply Made in America*, Aldrich Museum of Contemporary Art, Ridgefield, CT
	1993 Whitney Biennial, The Whitney Museum of American Art, New York
	Nobuyoshi Araki, Sophie Calle, Larry Clark, Jack Pierson, Luhring Augustine, New York
	Urban Analysis, Barbara Braathen Gallery, New York (curated by Maynard Monrow)
	Stoned (HighLow), Ruth Bloom Gallery, Santa Monica (curated by Veralyn Behenna and Rick Pirro)
	Tema AIDS, Henie-Niels Foundation, Hovikkoden, Norway; will travel on Denmark and Sweden (curated by Kim Levin and Svien Christensen)
	Irony and Ecstasy, Salama-Caro Gallery, London (curated by Klaus Ottmann)
	Snap!, Tomoko Liguori Gallery, New York

The Whitney Biennial in Seoul, National Museum of Contemporary Art, Seoul
Works on Paper, Jack Hanley Gallery, San Francisco
Summer Reading, Texas Gallery, Houston
Drawing the Line Against AIDS, Guggenheim Museum SoHo, New York
Picturing Ritual, The Center for Photography, Woodstock; Neuberger Museum, SUNY Purchase, Purchase

1994 *Passing Through,* Galerie Walcheturm, Zurich, Switzerland
Psycho-pathology of Everyday Life, Ruth Bloom Gallery, Santa Monica
A Garden, Barbara Krakow Gallery, Boston
GIFT, The InterArt Center, New York
Making Waves, Provincetown Art Association and Museum, Provincetown
Abstract Works on Paper, Robert Miller Gallery, New York
Geoffrey Young Gallery, Great Barrington, MA
Sculpture, Luhring Augustine, New York
In the Field: Landscape in Recent Photography, Margo Leavin Gallery, Los Angeles
Small Paintings, Paul Morris Gallery, New York

1995 *Nan Goldin, Mark Morrisoe, Jack Pierson,* Taka Ishii Gallery, Tokyo
Pat Hearn Gallery, A Selected Survey, 1983–1995, Pat Hearn Gallery, New York
Guaranteed Personalities, Stockholm
Boston School, Institute of Contemporary Art, Boston
1995 Yamantaka Donation: An Exhibition of Photographs to Benefit Tibet House, Robert Miller, New York (curated by Diego Cortez)
The Moderns, Feature, New York
Hetrick-Martin Institute Benefit, Paul Morris Gallery, New York
1995 Whitney Biennial, The Whitney Museum of American Art, New York
Disneyland after Dark, Uppsala Konstmuseum, Uppsala, Sweden
Borealis 7 Desire, The Nordic Arts Centre, Helsinki, traveling show
Close to Life, 3. Internationale Foto-Triennale Esslingen, Germany

1996 *More than Real,* Caserta, Italy
Traffic, CAPC, Musée d'art contemporain de Bordeaux, France
Black and Blue, Groninger Museum, Groningen, Holland
Defining the Nineties: Consensus Making in New York, Miami and Los Angeles, Museum of Contemporary Art, Miami
Colorealism: Photography enters the third Millennium, Photology
Art at Home: Ideal Standard Life, Tokyo, Japan
Exposure, Luhring Augustine, New York
Art at the End of the 20th Century: Selections from the Whitney Museum of American Art; traveling: Alexandros Soutzos Museum, Athens; Museu d'Art Contemporani, Barcelona, 1997; Kunstmuseum, Bonn, 1997

Fellowships and Grants

1992 Art Matters, New York
1993 Fine Arts Work Center, Provincetown, MA

Bibliography

1987 Juarez, Roberto. "Body Pictures." *Bomb,* summer.
1990 Smith, Roberta. "The Group Show as Crystal Ball." *The New York Times,* July 6.
Als, Hilton. "Voice Choices." *The Village Voice,* October 30.
1991 Schwartzman, Alan. "Goings On About Town." *The New Yorker,* March 25.
Saltz, Jerry. "Shelter from the Storm." *Arts,* September.
Bankowsky, Jack. "Slackers." *Artforum,* November.
Avgikos, Jan. "Openings: Jack Pierson." *Artforum,* December.
1992 Yablonsky, Linda. "Jack Pierson: Bold Bricolage." *Interview,* January.
Smith, Roberta. "Jack Pierson." *The New Yorker,* January 20.
"Voice Choices." *The Village Voice,* January 21.
Kandel, Susan. "Jack Pierson." *Art Issues,* January/February.
Hirsch, Faye. "Faye Hirsch Spotlights Jack Pierson." *NYQ,* February 9.
"Goings On About Town." *The New Yorker,* February 10.
Smith, Roberta. ",How It Is', Tony Shafrazi Gallery." *The New York Times,* February 28.
Bonetti, David. "Lost Love, Political Passages." *San Francisco Examiner,* February 21.
Dector, Joshua. "Some People." *Arts,* March.
Connelly, John. "Jack Pierson." *Flash Art,* March/April.
Meyer, James. *Arts,* April.
Hollywood, Hollywood: Identity Under the Guise of Celebrity. Pasadena Art Alliance, Pasadena,

exhibition catalogue.
Denton, Monroe. *Tema Celeste*, April/May.
Bonetti, David. *San Francisco Examiner*, May 29.
Pierson, Jack. "You Went to Hollywood." *The Paris Review*, Summer: 101–109.
Roy, Cindy. *The Bourne Courier*, August 6.
Aletti, Vince. "Boys on Film." *The Village Voice*, August 11.
Kertess, Klaus. "Three Artists for the 90's." *Elle Decor*, August/September.
True Stories. Institute of Contemporary Art, London, exhibition catalogue.
Bleckner, Ross. "Emerging Artists." *Out*, autumn.
"Goings On About Town." *The New Yorker*, October 5.
Smith, Roberta. "Some People." *The New York Times*, October 5.
Smith, Roberta. "Moments to Remember (or Not)." *The New York Times*, December 27.
Myles, Eileen. *Art in America*, October.
Seidner, David. "Hit the Road, Jack." *QW*, November 1.
Kelleran, David. "Some People." *Flash Art*, November/December.
Saltz, Jerry. "Catalogue Briefs." *Flash Art*, November/December.
Meyers, Terry. "Mary Heilmann, Jack Pierson, Jessica Stockholder." *Flash Art*, November/December.

1993

Perl, Jed. "Making Faces." *Vogue*, March: 216–24.
Flood, Richard. "Rosebud, anyone?" *Frieze*, March–April: 35–7.
Pierson, Jack. *Angel Youth*. Artist's book, Galerie Aurel Scheibler, Cologne.

1993 Biennial Exhibition. Whitney Museum of American Art, New York, exhibition catalogue.
Aletti, Vince. "Listings." *The Village Voice*, April 20: 70.
Pierson, Jack. *Angel Youth*. Aurel Scheibler, Cologne.
Ribettes, Jean-Michel. "Collections Untitled." *Galeries*, April/May: 90–97 (illust.).
Heartney, Eleanor. "Report from New York: Identity Politics at the Whitney." *Art in America*, May: 42–7.
Saltz, Jerry. "10 Artists for the '90s." *Art & Auction*, May: 122–5; 155.
Myers, Terry. "Girlfriend in a coma." *Blocnotes*, Spring, No. 2: 12–3.
"Jack Pierson." *Blocnotes*, Summer, No. 3: 24–5.
Behenna, Veralyn and Rick Pirro. *Stoned (HighLow)*. Ruth Bloom Gallery, Santa Monica, exhibition pamphlet.
Creative Camera, June/July: 22–3, 26–8.
"Jack Pierson." *BT*, July: 46.
"Drawing the Line against AIDS." *AmFAR International*.
"Jack Pierson 1993." *Camera Austria*, 43/44: cover, 33–40.
Schorr, Collier. "Boys of Summer." *Frieze*, December: 48–51.
Norklun, Kathi. "Rite Stuff." *Woodstock Times*, November 18: 15.

1994

Pierson, Jack. "'Sometimes I think I'd rather be a movie star than an artist.' – Mark Morrisoe. 'Most days I think I'd rather be a photograph than a human being.' – Jack Pierson" *Artforum*, January: 66–9.
"Picturing Ritual." Neuberger Museum of Art, SUNY Purchase, Purchase, NY, exhibition catalogue.
Lewis, Jim. "Writings on the Wall." *Harper's Bazaar*, March: 182, 186.
Choon, Angels. "Desire for Identity." *Art & Antiques*, March: 19.
Sanburn, Curt. "At Home with Male Erotica." *Out*, April: 116–18.
Behenna, Veralyn. "Jack Pierson. Little Triumphs of the Real." *Flash Art*, March–April: 88–90.
Levin, Kim. "Voice Choices." *The Village Voice*, May 3: 71.
Smith, Roberta. "Jack Pierson." *The New York Times*, Friday, April 29: C26.
Lewis, Jim. "Hanging Out. For one crazy, glitzy, gritty day, artist Jack Pierson photographed Naomi Campbell as they roamed downtown Manhattan." *Harper's Bazaar*, June: 134–41.
Pierson, Jack and Jim Lewis. *Real Gone*. Artspace Books, San Francisco.
Pierson, Jack. "Billy Sullivan/Marcelo Krasilcic: People's Parties." *Artforum*, Summer: 62–5.
Kertess, Klaus. *Edward Hopper and Jack Pierson: American Dreaming*. Whitney Museum of American Art, New York, exhibiting catalogue.
Cameron, Dan. "Self-determination." *Vogue*, July: 152–58, 192.
Levin, Kim. "Voice Choice: Edward Hopper and Jack Pierson." *The Village Voice*, July 12: 59.
"Real Gone." *Interview*, August: 50.
McGee, Celia. "Hopper, Hopper, Everywhere." *The New York Times*, July 24: Section 2, 1; 33.

Cotter, Holland. "Artist Blends Himself into a Hopper Show." *The New York Times*, July 29: C.
Schjildahl, Peter. "The Lonely Trap." *The Village Voice*, August 3: 83.
Hainley, Bruce. "Jack Pierson: Luhring Augustine, Whitney Museum of American Art." *Artforum*, September: 103–4.
Greene, David A. "My Pretty Pony." *Art Issues*, September: 15–19.
Volk, Gregory. "Jack Pierson." *Artnews*, September: 172.
Ostrow, Saul. "American Dreams – Bankrupt? Or Asleep at the (Image) Bank?" *Cover*, September.
Pierson, Jack. *Caught in the Rain, Broken in the Stardust*. Regen Projects, Los Angeles.
Kandel, Susan. "Self-Indulgence Saved by Brittle Clarity." *Los Angeles Times*, October 13: F1, F11.
Katz, Vincent. "Jack Pierson at Luhring Augustine." *Art in America*, October: 135.
Greene, David. "In Heaven, Everything Isn't Fine." *Los Angeles Reader*, October 14: 12.
Rian, Jeff. "Homemade Iconology." *Flash Art*, November–December: 57–60.
Saltz, Jerry. "A Year in the Life: Tropic of Painting." *Art in America*, October: 90–101.
Princenthal, Nancy. "Artist's Book Beat." *Print Collector's Newsletter*, November–December: 1993–94.

1995
"Prints & Photographs Published." *Print Collector's Newsletter*, September–October: 139–140.
Hainley, Bruce. Review of the "Moderns" at Feature Gallery, *Artforum*, November: 91.
Kertess, Klaus. "Sentimental Journey." *Out*, Dec./Jan. 1996: 111–115.
Colacello, Bob. "First Pierson" in Vanities, *Vanity Fair*, December: 223.
Daniel, Diana. "He's an artist with a capital A." *The Patriot Ledger*, October 14: 37–40.
Pierson, Jack. "Robert Frank: reality check." *Manhattan File*, November: 78–79.
Birnbaum, Robert. "Jack Pierson" interview. *Stuff Magazine*, December: 21–24.
Goldberg, Vicki. "Intimate Snapshots from the Underground." *The New York Times*, December 24, 1994: 38, 40.
Sherman, Mary. "Exhibit schedule balances old and new." *The Boston Herald*, September 8.
Sherman, Mary. "The road to the ‚Boston School'." *The Boston Herald*, October 20.
Hill, Shawn. "Making the Scene." *Bay Windows Arts*, October–November 1.
Hill, Shawn. "‚School days'." *The Tab*, October 24–October 30.
Tan, Roland. "Tracing Boston's Gay Artist Culture." *The Harvard Crimson*.
Nemser, Rebecca. "The Wild Bunch." *Boston Magazine*.
Dahlqvist, Dennis. "Bedrovade anglar." *Expressen*. November 28.
Nilsson, John Peter. "Langt borta och nara". *Aftonbladet*. November 21.
Birnbaum, Daniel. "Exakt slarvighet". *Dagens Nyheter*. November 24.

1996
Smith, Roberta. "After After Fashion". *Vogue*, January: 164–165, 184.
Hainley, Bruce. "All the Rage, The Art/Fashion Thing." *Artforum*, March: 78–79.
"Books and Catalogues". *Flash Art*, March–April: 128.
Labaume, Vincent. "Nzet Projekt." *Art Press*, April.
Levin, Kim. "Voice Choices." *The Village Voice*, April 23: 8.
Karmel, Pepe. "Also of Note." *The New York Times*, April 26: C27.
Greene, David A. "The Glamorous Life." *The Village Voice*, May 7: 80.
Frutkin, Alan. "In Profile." *The Advocate*, Dec. 26: 58.
Goss, Fred. "In Living Color." *The Advocate*, Dec. 26.
Adams, Brooks. "New Humanist Photography." *The Print Collector's Newsletter*, Vol. XXVII, No. 2, May–June: 53–56; 82–83.
Tavares, Rui. "Jack Pierson, Galeria Módulo, Lisboa." *Semanario* "JA", July 25.
Coomer, Martin. "Jack Pierson, White Cube." *Time Out*, July 17–24.
Martins, Celso. "Jack Pierson, Módulo." *Expresso*, July 27.
Pomar, Alexandre. "Jack Pierson, Módulo." *Expresso*, July 6.
"Jack Pierson." *Publico;* July 7, July 19, July 27.
Vidal, Carlos. "Imagens Pessoais." *A Capital*, August 8.

Dieses Künstlerbuch erscheint anläßlich der Ausstellung *Jack Pierson* vom 3. November bis 9. Dezember 1996 in der Ursula Blickle Stiftung, Kraichtal, und im Frankfurter Kunstverein, Frankfurt am Main, vom 5. Juli bis 10. August 1997.

© Copyright 1996 by Ursula Blickle Stiftung, Kraichtal; Frankfurter Kunstverein, Frankfurt am Main und EDITION STEMMLE AG, 8802 Kilchberg/Zürich, Schweiz

Alle Rechte vorbehalten. Kein Teil dieses Buches darf in irgendeiner Form ohne schriftliche Genehmigung des Verlages reproduziert werden, insbesondere nicht als Nachdruck in Zeitschriften oder Zeitungen, im öffentlichen Vortrag, für Verfilmungen oder Dramatisierungen, als Übertragung durch Rundfunk oder Fernsehen. Dies gilt auch für einzelne Bilder oder Textteile.

Bildrechte bei Jack Pierson, New York
Konzeption und Gestaltung des Bildteils:
Jack Pierson

Rechte der Texte bei den Autoren
Übersetzung der Texte von Gérard A. Goodrow aus dem Englischen: Thomas Bodmer
Lektorat: Ralph Schneider
Gestaltung und Typographie: Claudia Thoma
Reproduktion: Fijan & Partner, Schaffhausen
Druck und Bindung: EBS Editoriale Bortolazzi-Stei s.r.l., San Giovanni Lupatoto (Verona), Italien

ISBN 3-908162-62-9

Photographic acknowledgments

Many of the installation and document photographs were provided by the galleries or institutions where they occurred.

With gratitude I would like to thank:

Aurel Scheibler, Cologne
Luhring Augustine, New York
Richard Kuhlenschmidt, Santa Monica
Track 16, Santa Monica
Pat Hearn, New York
Texas Gallery, Houston
Whitney Museum of American Art, New York
Museum of Contemporary Art, Chicago
CAPC, Musée d'art contemporain de Bordeaux

Aurel Scheibler and Richard Kuhlenschmidt provided some valuable "2nd unit" photography.

Tony Morgan, Step Graphics, New York, helped me out a lot designing this book on pretty much the spur of the moment. He's a genius and so is Jerry Schwartz who did the same. Thanks also to Michele Maccarone, Luhring Augustine, New York, and I am especially grateful to Rainer Iglier who took the beautiful picture of my Hopper/Pierson installation at the Whitney.

Cast (in order of appearance)

Clayton Anderson
Andre LaRoche
Hapi Phace
Michael Bergin
John Epperson
Coco
Me
Eddie Cid
Jeff Elrod
Tabboo!
Linda Evangelista
Christine Cole, Stuart, me
Jerry Schwartz